EXPOSITION RÉTROSPECTIVE

TABLEAUX ANCIENS

EMPRUNTÉS AUX

GALERIES PARTICULIÈRES

PALAIS DES CHAMPS-ÉLYSÉES

DEUXIÈME ÉDITION AVEC SUPPLÉMENT

JUIN 1866

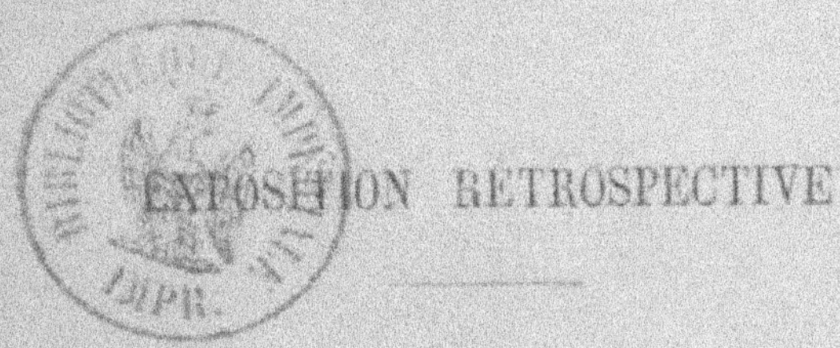

EXPOSITION RETROSPECTIVE

TABLEAUX ANCIENS

EMPRUNTÉS AUX

GALERIES PARTICULIÈRES

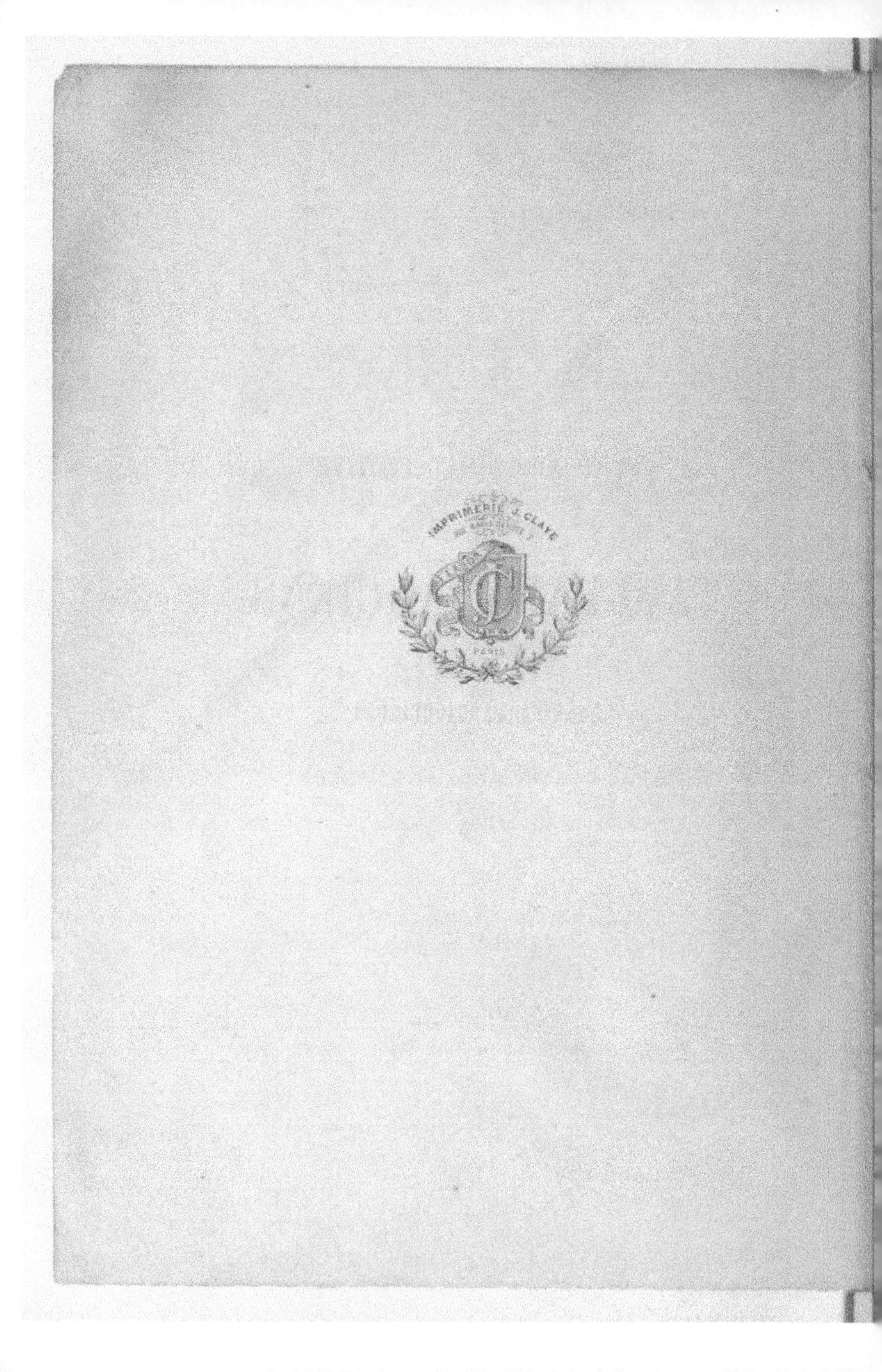
IMPRIMERIE J. CLAYE
PARIS

EXPOSITION RÉTROSPECTIVE

TABLEAUX ANCIENS

EMPRUNTÉS AUX

GALERIES PARTICULIÈRES

PALAIS DES CHAMPS-ÉLYSÉES

(ENTRÉE PAR LE PAVILLON SUD-EST)

Président du Comité : M. A. ODIER

SECRÉTAIRE : M. F. SCHICKLER

DÉLÉGUÉ DU COMITÉ
POUR L'ORGANISATION DE L'EXPOSITION

M. HARO

DEUXIÈME ÉDITION, AVEC SUPPLÉMENT

PARIS, JUIN 1866

ABREVIATIONS :

T. Toile.

B. Bois.

C. Cuivre.

H. Hauteur.

L. Largeur.

D. Diamètre.

M. Mètre.

A côté de l'Exposition de peintures modernes, il a semblé intéressant et instructif d'exposer un choix de tableaux anciens des diverses époques, empruntés aux galeries particulières. La comparaison immédiate des œuvres contemporaines avec les œuvres des maîtres consacrés doit avoir une heureuse influence sur les peintres, en même temps qu'elle doit éclairer et fortifier le goût public.

Pour les vrais amateurs, et surtout pour les écrivains qui étudient et expliquent l'histoire de l'art, c'est aussi une bonne fortune que de trouver réunis des chefs-d'œuvre ou des raretés, qu'il est souvent difficile de voir dans les collections privées.

En Angleterre, sans rappeler l'incomparable exhibition de Manchester, ces exhibitions de tableaux anciens sont une coutume invétérée, et la *British Institution*, dans ses exhibitions annuelles, a montré successivement presque tous les trésors conservés par l'aristocratie anglaise.

Essayons de naturaliser en France, grâce à l'initiative et au concours des possesseurs de belles choses, cet excellent moyen d'éducation par les yeux. Déjà, l'année dernière, l'*Union centrale des arts appliqués à l'industrie* a obtenu un grand et légitime succès avec son Exposition d'objets d'art de toute sorte.

La peinture est peut-être le plus populaire de tous les arts. Ouvrons-lui des concours publics, où les maîtres de tous les temps et de tous les pays, où l'Italie et l'Espagne, la Hollande et les Flandres, l'Allemagne et la France, viennent affirmer le génie de chaque peuple aux diverses phases de son histoire.

Quand on aime profondément l'art, on l'aime dans toutes ses manifestations, qui, malgré des divergences apparentes, concordent par le sentiment de la nature et l'expression de la vie.

Van Eyck et Memling, Léonard et Raphaël, Corrège et Titien, Dürer et Holbein, Velazquez et Murillo, Rubens et van Dyck, Rembrandt et Ruisdael, Poussin et Claude, Watteau et Chardin, Reynolds et Gainsborough, Delacroix et Decamps, ne sont-ils pas tous, à des titres divers, les *représentants* de l'humanité, qu'ils ont saisie sur le vif et *formalisée* dans des images immortelles? Absolument comme les grands poëtes et les grands écrivains, le Dante et le Tasse, Rabelais et Molière, Cervantes, Shakespeare, Voltaire et Diderot, Gœthe et Schiller, sont les échos, les interprètes, on pourrait dire les témoins intimes de l'intelligence et du sentiment des civilisations.

Cette idée de concourir au développement de l'esprit humain par la vue des créations de l'art, qui charment les yeux et la pensée, est déjà bien comprise, et les promoteurs de la présente Exposition se félicitent de la généreuse sympathie qu'ils ont rencontrée chez la plupart des possesseurs de galeries.

Il s'agissait de commencer. Espérons que les Expositions de tableaux anciens deviendront aussi en France une institution libre et coopérative.

Dans le vaste local que M. le ministre d'État, maréchal Vaillant, a bien voulu prêter, on a séparé de la salle principale trois salons, un pour les tableaux de la galerie de M. le comte Duchâtel, un pour les tableaux de la galerie de MM. Pereire, le troisième pour une série de Greuze et de quelques chefs-d'œuvre de l'École française du XVIIIe siècle. Dans la grande salle, sont, d'un côté, les français, de l'autre côté les italiens, les espagnols, les hollandais et les flamands.

On a conservé les attributions que les tableaux portent dans les galeries des propriétaires.

CATALOGUE

ANGELICO (FRA GIOVANNI DA FIESOLE)

(*École italienne*)

1. — Saint Barthélemy et cinq autres Saints.

Collection de M. Gatteaux.

B. — H., $0^m,12$; L., $0^m,21$.

ANGELICO

2. — La Résurrection.

Collection de Mme la baronne Nathaniel de Rothschild.

B. — H., $0^m,27$; L., $0^m,10$.

ANGELICO

3. — Adoration du Christ en croix.

Collection de M. Émile Pereire.

B. — H., $0^m,51$; L., $0^m,35$.

ANTONELLO, DE MESSINE

(*École italienne*)

4. — Portrait de jeune homme.

Collection de M. le comte Duchâtel.

B. — H., 0^m,22; L., 0^m,19.

ASSELYN (JAN)

(*École hollandaise*)

5. — Le Bac.

Collection de M. A. Odier.

T. — H., 0^m,71; L., 0^m,98.

ASSELYN

6 — Halte de Cavaliers.

Collection de M. le vicomte de Carvalhido.

B. — H., 0^m,63; L., 0^m,52.

BACKHUISEN (LUDOLF)

(*École hollandaise*)

7. — Marine, sur la côte de Scheveningen.

Signé.

Collection de M. le baron Nathaniel de Rothschild.

T. — H., 0^m,60; L., 0^m,82.

BACKHUISEN

8\. — Marine.

Collection de M. Chaix-d'Est-Ange.

T. — H., $0^m,75$; L., $1^m,04$.

BARTOLOMMEO (FRA)

(École italienne)

9\. — La Vierge et l'Enfant Jésus.

Collection de Mme la baronne Nathaniel de Rothschild.

B. — H., $0^m,67$; L., $0^m,49$.

BERCHEM (NICOLAS)

(École hollandaise)

10\. — Paysage avec personnages et animaux.

Collection de M. Émile Pereire.

B. — H., $0^m,32$; L., $0^m,27$.

BEYEREN (ABRAHAM VAN)

(École hollandaise)

11\. — Étal d'un poissonnier à Amsterdam.

Signé du monogramme.
Collection de M. W. Bürger.

T. — H., $0^m,91$; L., $1^m,18$.

BONINGTON (RICHARD PARKES)

(*École anglaise*)

12. — Mazarin et Anne d'Autriche.

Collection de M. Hauguet.

T. — H., 0m,35; L., 0m,27.

BONINGTON

13. — Vue de Venise.

Collection de M. Hauguet.

T. — H., 0m,40; L., 0m,54.

BOTH (JAN)

(*École hollandaise*)

14. — Paysage d'Italie. — Soleil couchant.

Collection de M. Eugène Dutuit.

T. — H., 0m,67; L., 0m,80.

BOTTICELLI (SANDRO)

(*École italienne*)

15. — La Vierge et l'Enfant Jésus.

Collection de Mme la baronne Nathaniel de Rothschild.

. — H., 0m,78; L., 0m,54.

BOTTICELLI

16. — La Vierge à la grenade.

Collection de M. Émile Pereire.

B. — H., $0^{m},65$; L., $0^{m},48$.

BOTTICELLI

17. — Sainte Famille; trois figures.

Collection de M. Rio.

Rond. B. — D., $0^{m},60$.

BOUCHER (FRANÇOIS)

(*École française*)

18. — Portrait de Mme de Pompadour.

Signé et daté.
Gravé dans la *Gazette des Beaux-Arts*.
Collection de M. Henri Didier.

T. — H., $2^{m},17$; L., $1^{m},64$.

BOUCHER

19. — L'Olympe, esquisse d'un plafond du château de Bellevue.

Collection de M. Léopold Double.

T. — H., $0^{m},63$; L., $0^{m},55$.

BOUCHER

20. — L'Enfant Jésus et saint Jean.

Provenant de la galerie de Mme de Pompadour.
Collection de M. le marquis de Laborde.

Ovale. T. — H., 0m,50; L., 0m,41.

CARPACCIO (VITTORE

(École italienne)

21. — Sainte Famille.

Gravé dans la *Gazette des Beaux-Arts*.
Collection de M. Émile Pereire.

B. — H., 0m,67; L., 0m,53.

CESARE DA CESTO

(École italienne)

22. — Castor et Pollux.

Collection de M. H. Dugied.

B. — H., 0m,85; L., 0m,58.

CESARE DA CESTO

23. — La Vierge.

Collection de M. Paul de Saint-Victor.

B. — H., 0m,58; L., 0m,45.

CHRISTOPHSEN (PETRUS)

24. — La Vierge, l'Enfant Jésus et saint Joseph.

Collection de M. le comte de la Ferronnays.

B. — H., $0^{m},70$; L., $0^{m},50$.

CIGOLI (LODOVICO CARDI DA)

(*École italienne*)

25. — La Devineresse.

Collection de M. le vicomte de Carvalhido.

T. — H., $0^{m},73$; L., $0^{m},91$.

CIMA DA CONEGLIANO

(*École italienne*)

26. — La Vierge. Adoration de l'Enfant Jésus.

Collection de M. Chauffard.

B. — H., $1^{m},63$; L., $1^{m},25$.

CLOUET (FRANÇOIS)

(*École française*)

27. — Portrait de Renée de Ferrare.

Collection de M. Charles Haas.

B. — H., $0^{m},16$; L., $0^{m},13$.

CLOUET (FRANÇOIS)

28. — Portrait d'homme.

Collection de M. Paul de Saint-Victor.

B. — H., 0^m,19; L., 0^m,15.

CLOUET (FRANÇOIS)

29. — La reine Claude (femme de François Ier).

Collection de M. L. Double.

B. — H., 0^m,19; L., 0^m,14.

CLOUET (FRANÇOIS

30. — Portrait du duc de Mayenne.

Collection de M. Eugène Lami.

B. — H., 0^m,34; L., 0^m,26.

CRAYER (GASPAR DE)

(*École flamande*)

31. — Adoration de la Vierge.

Collection de M. Montjean.

T. — H., 1^m,38; L., 0^m,99.

CUYP (ALBERT)

(École hollandaise)

32. — Marine.

Collection de Mme Gabriel Delessert.

T. — H., 1m,10; L., 1m,62.

DAVID (LOUIS)

(École française)

33. — Portrait de Mme de Montgiraud, fille du peintre Ducreux.

Collection de M. Boittelle.

T. — H., 1m,81; L., 1m,24.

DECAMPS (ALEXANDRE-GABRIEL)

(École française)

34. — Rebecca à la fontaine.

Collection de M. le baron Roger.

T. — H., 1m,12; L., 1m,61.

DELACROIX (EUGÈNE)

(École française)

35. — Marino Faliero.

Gravé dans la *Gazette des Beaux-Arts.*

Collection de M. Isaac Pereire.

T. — H., 1m,45; L., 1m,13.

DELACROIX

36. — Le Giaour.

Collection de M. Émile Pereire.

T. — H., 0^{m},72; L., 0^{m},59.

DELACROIX

37. — La Barque.

Collection de Mme Troyon.

T. — H., 0^{m},58; L., 0^{m},71.

DELACROIX

38. — Tigres.

Collection de Mme Thuret.

T. — H., 1^{m},27; L., 1^{m},95.

DELACROIX

39. — Lady Macbeth.

Collection de M. Théophile Gautier.

T. — H., 0^{m},55; L., 0^{m},48.

DELAROCHE (PAUL)

(École française)

40. — Portrait de M. Émile Pereire.

Collection de M. Émile Pereire.

T. — H., 1^{m},22; L., 0^{m},76.

DELAROCHE

41. — Les Girondins.

Collection de M. H. Fould.

T. — H., 0^{m},54; L., 0^{m},98.

DOLCI (CARLO)

(École italienne)

42. — La Vierge.

Collection de S. A. le prince de la Tour et Taxis.

T. — H., 0^{m},44; L., 0^{m},40.

DOV (GERARD

(École hollandaise)

43. — La Petite Servante.

Provenant de la galerie du prince de Condé.
Collection de M. le baron de Lareinty.

B. — H., 0^{m},27; L., 0^{m},20.

DROUAIS (FRANÇOIS-HUBERT)

(*École française*)

44. — Portrait de Mme de Pompadour.

Collection de M. le marquis de Laborde.

Ovale. T. — H., 0m,63; L., 0m,53.

DYCK (ANTON VAN)

(*École flamande*)

45. — Sainte Rosalie.

Collection de M. le duc de Persigny.

T. — H., 1m,65; L., 1m,38.

EYCK (JAN VAN)

(*École flamande*)

46. — La Vierge au Donataire.

Collection de M. Gatteaux.

B. — H., 0m,25; L., 0m,23.

FABRITIUS (CAREL), disciple de REMBRANDT, et maître de JAN VAN DER MEER, de Delft.

(*École hollandaise*)

47. — Le Chardonneret.

Signé et daté 1654.
Provenant de la galerie du chevalier Camberlin.
Collection de M. W. Bürger.

B. — H., 0m,34; L., 0m,22.

FLANDRIN (HIPPOLYTE)

(École française)

48. — Adoration des Mages, et Moïse passant la mer Rouge. — Deux études sur carton.

Collection de M. le baron d'Hunolstein.

H., 0^m,48; L., 0^m,56.

FRAGONARD (JEAN-HONORÉ)

(École française)

49. — Le Raccommodement.

Collection de M. le comte Duchâtel.

T. — H., 0^m,47; L., 0^m,62.

FRAGONARD

50. — Le Baiser.

Collection de M. Jacques Reiset.

Rond. T. — H., 0^m,32; L., 0^m,30.

FYT (JAN)

(École flamande)

51. — Chiens de chasse.

Collection de M. le comte Greffülhe.

T. — H., 1^m,40; L., 1^m,88.

GÉRARD (FRANÇOIS)

(*École française*)

52. — Portrait de la comtesse Stazjinska.

Collection de M. le marquis de Laborde.

T. — H., $0^m,70$; L., $0^m,42$.

GÉRICAULT (THÉODORE)

(*École française*)

53. — Les Lions.

Collection de Mme Schickler.

B. — H., $0^m,48$; L., $0^m,58$.

GÉRICAULT

54. — La Forge.

Collection de Mme Schickler.

T. — H., $0^m,49$; L., $0^m,59$.

GÉRICAULT

55. — L'Écurie.

Collection de Mme Schickler.

T. — H., $0^m,43$; L., $0^m,53$.

GÉRICAULT

56. — La Charrette.

Collection de Mme Schickler.

T. — H., 0m,45; L., 0m,36.

GHIRLANDAJO (DOMENICO)

(École italienne)

57. — La Vierge et l'Enfant Jésus.

Collection de Mme la baronne Nathaniel de Rothschild.

B. — H., 0m,75; L., 0m,52.

GIORGIO BARBARELLI

(École italienne)

58. — Sainte Famille.

Collection de M. le docteur Castle.

B. — H., 0m,44; L., 0m,56.

GREUZE (JEAN-BAPTISTE

(École française)

59. — La Bonne Mère.

Gravé.

Collection de M. le marquis de Laborde.

T. — H., 0m,97; L., 1m,28.

Avec le dessin, à la sanguine et au crayon noir, du personnage principal, M. le marquis Joseph de Laborde, en chasseur.

GREUZE

60\. — Danaé.

Gravé dans la *Gazette des Beaux-Arts*.

Collection de M. Bonnet.

T. — H., 1m,45 ; L., 1m,95.

GREUZE

61\. — La Laveuse.

Collection de M. le comte F. de la Ferronnays.

T. — H., 0m,40 ; L., 0m,31.

GREUZE

62\. — L'Enfant à la Colombe.

Collection de M. Martin.

T. — H., 0m,41 ; L., 0m,31.

GREUZE

63\. — Portrait de Talleyrand, jeune.

Vente de Mlle Greuze.

Collection de M. Chaix-d'Est-Ange.

T. — H., 1m,42 ; L., 1m,11.

GREUZE

64. — Tête de petite fille.

Collection de M. Émile Pereire.

T. — H., 0m,39; L., 0m,29

GREUZE

65. — Portrait de Mlle Olivier.

Collection de M. Henri Didier.

T. — H., 0m,55; L., 0m,46.

GREUZE

66. — Portrait de Mme de Courcelles.

Provenant du château de Chenonceaux.
Collection de M. le comte Duchâtel.

Ovale. T. — H., 0m,80; L., 0m,62.

GREUZE

67. — Portrait de la fille de Mme de Courcelles, qui épousa, plus tard, M. de Guibert, membre de l'Académie française.

Pendant du précédent.
Provenant aussi du château de Chenonceaux.
Collection de M. le comte Duchâtel.

Ovale. T. — H., 0m,80; L., 0m,62.

GREUZE

68. — L'Oiseau mort.

Gravé.
Collection de M. le baron Nathaniel de Rothschild.

T. — H., 0^m,66; L., 0^m,53.

GREUZE

69. — Le Triomphe de l'Hymen.

Collection de M. H. Dugied.

T. — H., 0^m,64; L., 0^m,80.

GREUZE

70. — Portrait de jeune enfant.

Collection de M. le vicomte de Magnieu.

T. — H., 0^m,56; L., 0^m,45.

GREUZE

71. — Portrait du graveur Levasseur.

Collection de M. Gatteaux.

T. — H., 0^m,65; L., 0^m,54.

GREUZE

72. — Tête de jeune homme.

Collection de Mme Thuret.

T. — H., $0^m,54$; L., $0^m,45$.

GREUZE

73. — L'Indigente.

Collection de M. A. Odier

T. — H., $0^m,54$; L., $0^m,43$.

GREUZE

74. — Portrait de la fille de Greuze.

Collection de M. Haro.

T. — H., $0^m,79$; L., $0^m,62$

GREUZE

75. — Portrait du duc de Penthièvre.

Collection de M. Haro.

Pastel. Ovale.

GROS (ANTOINE-JEAN)

(École française)

76. — Bonaparte au pont d'Arcole.

Collection de M. Hanguet.

T. — H., 0m,72; L., 0m,58.

HACKERT ET A. VAN DE VELDE

(École hollandaise)

77. — Paysage. Départ pour la chasse.

Collection de Mme Gabriel Delessert.

T. — H., 0m,60; L., 0m,44.

HALS (FRANS)

(École hollandaise)

78. — Portrait de jeune femme.

Provenant de la galerie Urquaiz de Madrid.
Collection de M. Émile Pereire.

T. — H., 1m,00 L., 0m,79.

HALS

79. — Jeune fille hollandaise.

Collection de M. W. Bürger.

B. — H., 0m,34; L., 0m,33.

HEEM (CORNELIS DE)

(*École hollandaise*)

80. — Nature morte.

Collection de M. Béranger.

T. — H., 1m,09; L., 1m,54.

HEEM (DAVID DE)

(*École hollandaise*)

81. — La Création : fleurs, fruits, insectes, etc.

Collection de M. le comte Duchâtel.

T. — H., 1m,14; L., 1m,40.

HEYDEN (JAN VAN DER)

(*École hollandaise*)

82. — Vue intérieure d'une ville de Hollande.

Les figures par Adrien van de Velde.
Provenant des collections Servad, comte de Merle, Paillet, Érard et van den Schrieck.
Collection de M. le comte Duchâtel.

B. — H., 0m,47; L., 0m,55.

HOBBEMA (MEINDERT)

(*École hollandaise*)

83. — Les Moulins.

Signé.
Provenant de la collection du duc de Morny.
Collection de M. Eugène Dutuit.

T. — H., 0m,70; L., 1m,13.

HOBBEMA

84. — Le Moulin.

Signé.

Collection de M. Isaac Pereire.

B. — H., $0^m,76$; ., $1^m,11$.

HOBBEMA

85. — La Chaumière.

Signé.

Collection de M. Isaac Pereire.

B. — H., $0^m,62$; L., $0^m,86$.

HOLBEIN (HANS)

(École allemande)

86. — Portrait de Jean de Carondelet, chancelier de Flandre.

Collection de M. le comte Duchâtel.

B. — H., $0^m,76$; L., $0^m,62$.

HOLBEIN

87. — Portrait de femme.

Collection de M. Ch. Haas.

B. — H., $0^m,43$; L., $0^m,33$.

HOOCH (PIETER DE)

(École hollandaise)

88. — Intérieur avec trois figures.

Signé et daté 1658.
Gravé dans la *Gazette des Beaux-Arts.*
Collection de M. Isaac Pereire.

B. — H., $0^m,59$; L., $0^m,46$.

HUYSUM (JAN VAN)

(École hollandaise)

89. — Le Nid, avec des fleurs.

Collection de M. Émile Pereire.

T. — H., $0^m,41$; L., $0^m,34$.

JANSON VAN CEULEN

(École hollandaise)

90. — Portrait de femme.

Collection de M. le comte de la Ferronnays.

T. — H., $1^m,08$; L., $0^m,88$.

JORDAENS (JACOB)

(École flamande)

91. — Le Satyre.

Collection de M. Giron de Buzaringues.

T. — H., $0^m,97$; L., $1^m,03$.

KEYSER (THEODOR DE)

(École hollandaise)

92. — Famille hollandaise.

Signé et daté 1650.

Collection de M. Léopold Double.

B. — H., $1^m,01$; L., $0^m,84$.

LANCRET (NICOLAS)

(École française)

93. — La Danse.

Collection de M. le comte Duchâtel.

Rond. T. — H., $0^m,66$; L., $0^m,66$.

LANCRET

94. — L'Oiselière. Portrait d'une femme de la cour de Louis XV.

Collection de M. Béranger.

T. — H., $0^m,58$; L., $0^m,48$.

LARGILLIÈRE (NICOLAS)

(École française)

95. — Portrait de femme. Allégorie.

Collection de M. Amable Maille Saint-Prix.

T. — H., $1^m,45$; L., $1^m,04$.

LEBRUN (CHARLES)

(École française)

96. — Descente de croix.

Provenant de la galerie Denon, et lithographié par Denon lui-même.

Collection de M. Giron de Buzaringnes.

T. — H., $1^m,25$; L., $0^m,95$.

LESUEUR (EUSTACHE)

(École française)

97. — Prédication de saint Paul à Éphèse.

Composition qui se différentie du tableau du Louvre, n° 521.

Gravé par Audran et par Picard.

Collection de M. Girou de Buzaringues.

T. — H., $1^m,08$; L., $0^m,85$.

LÉPICIÉ (NICOLAS-BERNARD)

(École française)

98. — Portrait de Pigalé, le sculpteur.

Collection de M. Jacques Reiset.

T. — H., $0^m,43$; L., $0^m,24$.

LIPPI (FILIPPINO)

(École italienne)

99. — Le Couronnement de la Vierge.

Collection de Mme la baronne Nathaniel de Rothschild.

B. — H., $0^m,44$; L., $0^m,42$.

LIPPI (FILIPPINO)

100. — Saint Jean.

Collection de M. Rio.

B. — H., $0^m,44$; L., $0^m,32$.

MANTEGNA (ANDREA)

(École italienne)

101. — Saint Michel et Sainte Apolline.

Pendants réunis dans le même cadre.
Collection de Mme la baronne Nathaniel de Rothschild.

B. — H., $0^m,25$; L., $0^m,10$.

MANTEGNA

102. — Pieta.

Collection de M. Chauffard.

B. — H., $0^m,50$; L., $0^m,37$.

MARCO DA OGGIONE

(École italienne)

103. — La Vierge et l'Enfant Jésus.

Collection de M. le baron de Lareinty.

T. — H., $0^m,63$; L., $0^m,35$.

MARTIN (JEAN-BAPTISTE)

(École française)

104. — Vue de Marly.

Collection de M. le baron Poisson.

T. — H., ; L.,

MASSIS (QUENTIN)

(École flamande)

105. — Adoration du Christ.

Collection de M. Isambert.

B. — H., 0m,55; L., 0m,44.

MEER (JAN VAN DER), DE DELFT

(École hollandaise)

*106. — Le Géographe.

Signé.

Provenant de la collection Lebrun.

Collection de M. Isaac Pereire.

T. — H., 0m,50; L., 0m,43.

MEER (JAN VAN DER), DE DELFT

107. — Un Soldat avec une fillette qui rit.

Catalogué dans la vente de l'artiste lui-même en 1696.

Collection de M. Léopold Double.

T. — H., 0m,49; L., 0m,44.

MEER (JAN VAN DER), DE DELFT

108. — La Pianiste.

Signé.
Vente de l'artiste en 1696.
Provenant de la collection Solly, à Londres.
Collection de M. W. Bürger.

T. — H., 0^m,51 ; L., 0^m,45.

MEER (JAN VAN DER), DE DELFT

109. — Le Cottage.

Collection de M. B. Suermondt.

T. — H., 0^m,48 ; L., 0^m,39.

MEER (JAN VAN DER), DE DELFT

110. — Paysage hollandais. Vue de Dunes.

Signé.
Collection de M. B. Suermondt.

B. — H., 0^m,45 ; L., 0^m,37.

MEER (JAN VAN DER), DE DELFT

111. — Paysage panoramique. Vue de la Meuse.

Collection de S. A. I. Mme la grande duchesse Marie, de Russie.

B. — H., 0^m,19 ; L., 0^m,32.

MEER (JAN VAN DER), DE DELFT

112. — Intérieur de ville hollandaise.

Signé.

Collection de M. W. Bürger.

B. — H., 0^m,41 ; L., 0^m,34.

MEMLING (HANS)

(École flamande)

113. — Vierge et donataires.

Voir un article de M. Vitet dans la *Revue des Deux Mondes*.

Collection de M. le comte Duchâtel.

B. — H., 1^m,28 ; L., 1^m,57.

MEMLING

114. — Sainte Famille.

Collection de M. Gatteaux.

B. — H., 0^m,25 ; ., 0^m,15.

MEULEN (ANTON FRANS VAN DER)

(École flamande)

115. — Vue du château de Chambord.

Collection de M. Jacques Reiset.

T. — H., 0^m,73 ; L., 0^m,98.

MIGNARD (PIERRE)

(École française)

116. — Portrait de Mlle de La Vallière.

Gravé.

Collection de M. Haro.

T. — H., $0^m,80$; L., $0^m,64$.

MONSIGNORI

(École italienne)

117. — La Cène.

Collection de M. le comte d'Espagnac.

B. — H., ; L.,

MURILLO (BARTOLOME ESTEBAN)

(École espagnole)

118. — Portrait d'homme, en buste.

Collection de M. W. Bürger.

T. — H., $0^m,54$; L., $0^m,42$.

MURILLO

119. — Saint Joseph et l'Enfant Jésus.

Collection de M. Pelouze.

T. — H., $0^m,82$; L., $0^m,64$.

MURILLO

120. — Portrait d'un jeune seigneur espagnol.

Collection de M. Jacques Reiset.

T. — H., $0^m,67$; L., $0^m,54$.

NATTIER (JEAN-MARC)

(École française)

121. — Portrait de Mme de Sombreval de Vallendreuze.

Signé et daté 1746.

Collection de M. Henri Didier.

T. — H., $1^m,38$; L., $1^m,06$.

NATTIER (JEAN-MARC)

122. — Flore à son lever. — Portrait de la princesse de Conti, fille du Régent.

Collection de M. Jacques Reiset.

T. — H., $1^m,47$; L., $0^m,97$.

NATTIER (JEAN-MARC)

123. — Une Bergère.

Collection de M. Béranger.

T. — H., $0^m,58$; L., $0^m,48$.

NEER (AART VAN DER)

(École hollandaise)

124. — Effet de lune.

Collection de M. Hilaire Dugied.

T. — H., 1m,30; L., 1m,70.

NEER (AART VAN DER)

125. — Paysage. — Effet de lune.

Collection de M. Émile Pereire.

T. — H., 0m,49; L., 0m,39.

NEER (EGLON VAN DER)

(École hollandaise)

126. — Intérieur avec figures.

Collection de M. Darblay, aîné.

T. — H., 1m,50; L., 0m,42.

OSTADE (ADRIEN VAN)

(École hollandaise)

127. — Un Fumeur.

Signé.

Collection de M. Émile Pereire.

B. — H., 0m,21; L., 0m,18.

OSTADE (ISACK VAN)

(École hollandaise)

128. — Intérieur de ferme.

Vente Perregaux.
Collection de M. Eugène Dutuit.

B. — H., 0m,45; L., 0m,36.

PATER (JEAN-BAPTISTE-JOSEPH)

(École française)

129. — Conversation galante dans un parc.

Deux pendants.
Collection de M. le comte Duchâtel.

T. — H., 0m,44; L., 0m,55.

PATER

130. — Le Campement.

Collection de M. Isaac Pereire.

T. — H., 0m,52; L., 0m,62.

PATER

131. — Marche de Soldats.

Collection de M. Isaac Pereire.

T. — H., 0m,46; L., 0m,58.

PATER

132. — Pastorales.

Deux pendants.
Collection de M. Isaac Pereire.

T. — H., 0^m,53 ; L., 0^m,63.

PORDENONE

(École italienne)

133. — Vénus allaitant l'Amour.

Collection de M. Girou de Buzaringues.

T. — H., 1^m,16 ; L., 1^m,03.

PRUD'HON (PIERRE

(École française

134. — Les quatre Saisons.

Quatre pendants.
Provenant du château de Sceaux.
Collection de M. Henri Didier.

T. — H., 1^m,87 ; L., 0^m,70.

PRUD'HON

135. — L'Innocence.

Gravé dans la *Gazette des Beaux-Arts.*
Vente de Morny.
Collection de M. Paul Dalloz.

T. — H., 1^m,30 ; L., 1^m,00.

REMBRANDT VAN RYN

(*École hollandaise*)

136. — Portrait d'homme. Juste Lipse?

Signé et daté 1644.
Catalogué dans Smith, n° 349.
Provenant de la galerie Fesch.
Gravé dans la *Gazette des Beaux-Arts*.
Collection de M. Émile Pereire.

T. — H., 1^{m},25; L., 1^{m},02.

REYNOLDS (JOSHUA)

(*École anglaise*)

137. — Portrait de femme.

Collection de M. le duc de Persigny.

T. — H., 0^{m},75; L., 0^{m},62.

RIGAUD (HYACINTHE)

(*École française*)

138. — Portrait du typographe Léonard.

Gravé par Edelinck.
Collection de M. Gatteaux.

T. — H., 1^{m},09; L., 0^{m},88.

RIGAUD

139. — Portrait de femme.

Collection de M. Morel-Fatio.

T. — H., 1^{m},12; L., 0^{m},89.

RIGAUD

140. — Portrait de femme.

Collection de M. Béranger.

T. — H., 1m,28 ; L., 0m,98.

ROBERT (LÉOPOLD)

(École française)

141. — La Femme heureuse.

Collection de M. Marcotte.

T. — H., 0m,55 ; L., 0m,44.

ROBERT (LÉOPOLD)

142. — La Femme malheureuse.

Collection de M. Marcotte.

T. — H., 0m,55 ; L., 0m,44.

ROBERT (LÉOPOLD)

143. — La Mort du Moine.

Collection de M. Marcotte.

T. — H., 0m,42 ; L., 0m,52.

RUBENS (PIERRE-PAUL)

(*École flamande*)

144. — Apollon et Midas.

Gravé dans la *Gazette des Beaux-Arts*.
Collection de M. Isaac Pereire.

B. — H., 0m,72 ; L., 1m,00.

RUBENS

145. — Portrait de Grotius.

Collection de M. Jacques Reiset.

T. — H., 0m,51 ; L., 0m,40.

RUISDAEL (JACOB VAN)

(*École hollandaise*)

146. — Le Torrent.

Provenant de la galerie van den Schrieck, de Louvain.
Collection de M. le comte Duchâtel.

T. — H., 0m,98 ; L., 0m,84.

RUISDAEL (JACOB VAN)

147. — Paysage avec cascade.

Signé en toutes lettres.
Collection de M. Eugène Dutuit.

T. — H., 0m,68 ; L., 0m,53.

RUISDAEL (JACOB VAN)

148. — Paysage.

Collection de Mme Gabriel Delessert.

T. — H., 0m,74; L., 0m,92.

SCHEFFER (ARY)

(École française)

149. — Françoise de Rimini.

Collection de Mme Marjolin.

T. — H., 1m,65; L., 2m,32.

SCHEFFER (ARY)

150. — Les Plaintes de la Terre.

Collection de Mme Marjolin.

T. — H., 2m,48; L., 1m,41.

SCHEFFER (ARY)

151. — Ecce Homo.

Collection de Mme Marjolin.

T. — H., 1m,24; L., 0m,88.

SOLARIO (ANDREA)

(École italienne)

152. — Tête de saint Jean.

Collection de M. Leconte.

B. — H., 0m,47; L., 0m,43.

TENIERS (DAVID) LE JEUNE

(École flamande)

153. — Le Liseur.

Collection de M. A. Odier.

T. — H., 0m,16; L., 0m,14.

TERBURG (GERARD)

(École hollandaise)

154. — Le Médecin. Intérieur d'une pharmacie à Deventer.

Signé et daté 1655.

Collection de M. Léopold Double.

T. — H., 1m,00; L., 1m,34.

TERBURG

155. — Episode du Congrès de Münster.

Provenant de la galerie de Morny.

Collection de M. Hüffer.

T. — H., 0m,51; L., 0m,44.

TERBURG

156. — Portrait d'homme, en pied.

Gravé dans la *Gazette des Beaux-Arts.*
Collection de M. Isaac Pereire.

T. — H., 0^m,68; L., 0^m,49.

TERBURG

157. — Adieux de Jean de Witt à sa femme. Dans le coin de gauche est le portrait de Terburg.

Collection de M. le duc de Persigny.

T. — H., 1^m,48; L., 2^m,41.

TERBURG

158. — Portrait de femme. Buste de grandeur naturelle.

Signé et daté 1646.
Collection de M. Gatteaux.

T. — H., 0^m,72; L., 0^m,59.

TERBURG

159. — Cortége se rendant à Münster pour le Congrès.

Collection de M. Hüffer.
Signé à gauche G. T. Burch, et à droite G. V. H.

T. — H., 1^m,00; L., 1^m,58.

TIEPOLO (GIO.-BATTISTA)

(*École italienne*)

160. — Cléopâtre. Deux pendants.

Esquisses des grandes peintures du palais Labia, à Venise.

Collection de Mme la baronne Nathaniel de Rothschild.

T. — H., 1m,30; L., 0m,93.

TINTORET (JACOPO ROBUSTI)

(*École italienne*)

161. — La Flagellation.

Collection de M. le prince de Leonforte.

C. — H., 0m,54; L., 0m,28.

TITIEN

(*École italienne*)

162. — Portrait du doge Gritti.

Collection de M. le comte d'Espagnac.

T. — H., 0m,53; L., 0m,41.

VELAZQUEZ (DON DIEGO RODRIQUEZ DE SILVA Y)

(*École espagnole*)

163 — Une Infante, fille de Philippe IV.

Provenant de la galerie Urquaiz de Madrid.

Collection de M. Émile Pereire.

T. — H., 1m,35; L., 1m,03.

VÉLAZQUEZ

164. — Les Lances, ou la Reddition de la place de Breda.

Esquisse, avec variantes, du grand tableau du musée royal de Madrid, n° 319, photographié dans la collection du *Musée de Madrid*.

Collection de M. M. de Rosales.

T. — H., 0m,90; L., 1m,10.

VELAZQUEZ

165. — Le Fou de Philippe IV.

Collection de M. le duc de Persigny.

T. — H., 1m,72; L., 1m,08.

VELDE (ADRIEN VAN DE)

(École hollandaise)

166. — Paysage avec animaux.

Collection de M. Émile Pereire.

B. — H., 0m,22; L., 0m,28.

VELDE (WILLEM VAN DE)

(École hollandaise)

167. — Marine.

Signé.

Collection de M. Isaac Pereire.

T. — H., 0m,63; L., 0m,55.

VELDE (WILLEM VAN DE)

168. — Marine.

Signé W. V. V.

Collection de M. Chaix-d'Est-Ange.

T. — H., $0^m,80$; L., $1^m,04$.

VENETIANO (DOMENICO)

(École italienne)

169. — La Vierge et l'Enfant Jésus.

Collection de Mme la baronne Nathaniel de Rothschild.

B. — H., $0^m,79$; L., $0^m,51$.

VERNET (CARLE)

(École française)

170. — Départ pour la chasse.

Collection de Mme Schickler.

T. — H., $1^m,09$; L., $1^m,45$.

VERNET (CARLE)

171. — Rendez-vous de chasse du duc d'Orléans.

Collection de M. le vicomte Pernetty.

T. — H., ; L., .

VERNET (CARLE)

172. — Le Postillon.

Collection de Mme Schickler.

T. — H., 0m,45; L., 0m,37.

VERNET (HORACE)

(École française)

173. — Portrait du général Cavaignac.

Collection de Mme Cavaignac.

T. — H., 0m,63; L., 0m,52.

VERNET (JOSEPH)

(École française)

174. — Marine.

Collection de M. Isaac Pereire.

T. — H., 0m,85; L., 1m,35.

VEROCCHIO (ANDREA DEL)

(École italienne)

175. — Saint Jean-Baptiste.

Collection de M. Chauffard.

T. — H., 0m,44; L., 0m,36.

VERONESE (PAOLO CALIARI)

(*École italienne*)

176. — Vénus et l'Amour.

Collection de M. le prince de Leonforte.

T. — H., 0m,95; L., 0m,71.

VIGÉE LE BRUN (ÉLISABETH-LOUISE)

(*École française*)

177. — Portrait de jeune garçon.

Collection de M. H. Dugied.

T. — H., 0m,64; L., 0m,54.

VINCI (LIONARDO DA)

(*École italienne*)

178. — Le Christ bénissant le monde.

Gravé par Hollar.
Collection de M. le baron de Lareinty.

B. — H., 0m,68; L., 0m,48.

WEENIX (JAN)

(*École hollandaise*)

179. — Gibier mort.

Collection de M. A. Odier.

T. — H., 0m,86; L., 0m,72.

WILT (VAN DER

180. — Portrait d'homme.

Signé et daté 1704.
Collection de M. le vicomte de Carvalhido.

T. — H., 0^m,53; L., 0^m,44.

WOUWERMAN (PHILIP)

(*École hollandaise*)

181. — L'Espion.

Signé du monogramme.
Vente Perregaux.
Collection de M. le baron Nathaniel de Rothschild.

B. — H., 0^m,55; L., 0^m,72.

WOUWERMAN (PHILIP)

182. — Retour de chasse.

Signé du monogramme.
Collection de M. Isaac Pereire.

B. — H., 0^m,47; L., 0^m,64.

SUPPLÉMENT

TABLEAUX APPARTENANT

A S. M. L'IMPÉRATRICE

BERCHEM (NICOLAS)

(École hollandaise)

183. — Le Passage du gué.

T. — H., $0^m,85$; L., $0^m,79$.

GREUZE

184. — Portrait de Louis XVII.

Ovale. T. — H., $0^m,53$; L., $0^m,43$.

OSTADE (ADRIEN VAN)

185. — Le Joueur de vielle, scène villageoise.

Signé et daté 1679.
Ventes Duval, à Londres, duc de Morny, Mme Lehon.

B. — H., $0^m,30$; L., $0^m,25$.

PATER

186. — Pastorale.

B. — H., 0m,27; L., 0m,41.

PATER

187. — Scène champêtre et militaire.

Pendant du précédent, et mêmes dimensions.

VELDE (WILLEM VAN DE)

188. — Marine.

T. — H., 0m,47; L., 0m,57.

VIGÉE LE BRUN (MADAME)

189. — Portrait de Louis XVII.

Pastel. Ovale. — H., 0m,61; L., 0m,49.

WOUWERMAN (PHILIP)

190. — Passage d'un fleuve par un groupe militaire.

B. — H., 0m,35; L., 0m,41.

WOUWERMAN (PHILIP)

191. — Le Trompette.

Pendant du précédent, et mêmes dimensions.

WOUWERMAN (PHILIP)

192. — Halte de cavaliers.

Signé du monogramme.

B. — H., 0^m,36; L., 0^m,32.

WOUWERMAN (PHILIP)

193. — Le Passage du ruisseau.

Première manière du maître.
Signé du monogramme.

B. — H., 0^m,24; L., 0^m,17.

WYNANTS (JAN)

(École hollandaise)

194. — Paysage, avec figurines d'Adrien van de Velde.

Signé.

B. — H., 0^m,30; L., 0^m,25.

Ces 12 tableaux font partie de la collection de S. M. l'Impératrice.

SUITE DU SUPPLÉMENT

BONINGTON

195. — Vue de Paris, au bord de la Seine.

Collection de M. Chesneau.

T. — H., 0m,30; L., 0m,39.

BOUCHER

196. — Les Plaisirs de la campagne.

Collection de M. Étienne Arago.

COQUES (GONZALES)

(École flamande)

197. — Intérieur, avec trois personnages.

Collection de M. L. Double.

T. — H., L.,

CRANACK (LUCAS)

(École allemande)

198. — Les Fiancés.

Collection de M. Paul de Saint-Victor.

B. — H., 0m,63; L., 0m,45.

CRANACK

199. — Vénus et l'Amour.

Vente Demidoff.

Collection de M. Haro.

B. — H., 0m,52; L., 0m,36.

CRANACK

200. — Vénus et l'Amour.

Collection de M. Haro.

B. — H., 1m,00; L., 0m,38.

CRANACK

201. — Portrait de Luther.

Signé et daté.

Collection de M. Haro.

B. — H., 0m,80; L., 0m,60.

CUYP (ALBERT)

202. — Portrait d'homme.

Collection de M. le comte d'Espagnac.

B. — H., 0m,82; L., 0m,62.

DECAISNE

(*École française*)

203. — Louis XVII au Temple.

Collection de M. Decaisne.

T. — H., 1^m,12; L., 1^m,36.

DUCREUX

(*École française*)

204. — Portrait de l'auteur.

Collection de M. Marcille.

Ovale. T. — H., 0^m,59; L., 0^m,48.

FRAGONARD

205. — Jeune fille à l'oiseau.

Collection de M. le comte Duchâtel.

T. — H., 0^m,85; L., 0^m,68.

GELLÉE (CLAUDE), DIT LE LORRAIN

(*École française*)

206. — Paysage, avec figures de Lauri.

Collection de Mme H. Fould.

T. — H., 0^m,72; L., 1^m,00.

GÉRICAULT

207. — Le Cuirassier.

Vente Delacroix.

Collection de M. Haro.

T. — H., 0^m,47; L., 0^m,38.

GOYA (FRANCISCO)

(*École espagnole*)

208. — Courses de taureaux.

Deux pendants.

Collection de M. Haro.

T. — H., 0^m,62; L., 0^m,91.

GREUZE

209. — L'Amour.

Collection de S. A. I. Mme la grande-duchesse Marie de Russie.

B. — H., 0^m,45; L., 0^m,36.

GREUZE

210. — Portrait d'enfant.

Collection de M. L. Double.

T. — H., 0^m,39; L., 0^m,31.

GREUZE

211. — Portrait de Mme la marquise de Champcenetz.

Signé et daté 1770.

Collection de M. J. Reiset.

Ovale. T. — H., 0^{m},64; L., 0^{m},52.

GREUZE

212. — Portrait de Mme d'Escars, née Pauline de Laborde.

Collection de Mme Gabriel Delessert.

Ovale. T. — H., 0^{m},57; L., 0^{m},48.

GUASPRE DUGHET, DIT LE POUSSIN

213. — L'Orage.

Provenant de la galerie du cardinal Fesch.
Collection de M. le marquis de Gouvello.

HEYDEN (VAN DER)

214. — Vue de Hollande, avec figurines d'Adrien van de Velde.

Collection de M. L. Double.

B. — H., L.,

HOGARTH (WILLIAM)

(*École anglaise*)

215. — Les Horlogers.

Collection de M. Gigoux.

T. — H., 1^{m},08; L., 2^{m},10.

HONDEKOETER (MELCHIOR DE)

(*École hollandaise*)

216. — Oiseaux de basse-cour.

Collection de M. le comte Ch. Greffulhe.

T. — H., 0^{m},91; L., 0^{m},71.

HOOCH (PIETER DE)

217. — Intérieur d'une maison hollandaise.

Signé : P. D. H. et daté : 1658.

Collection de M. W. Bürger.

T. — H., 1^{m},03; L., 0^{m},70.

KONINCK (SALOMON), DISCIPLE DE REMBRANDT

(*École hollandaise*)

218. — Portrait de Saskia van Uilenburg, première femme de Rembrandt.

Collection de M. W. Bürger.

T. — H., 0^{m},69; L., 0^{m},57.

LANCRET

219. — La Leçon de musique.

Collection de M. Dillais.

B. — H., 0^m,20; L., 0^m,15.

LANCRET

220. — La Toilette.

Pendant du précédent, et mêmes dimensions.

Collection de M. Dillais.

LANCRET

221. — Les Baigneuses.

Collection de M. Étienne Arago.

T. — H., L.,

LUINI (BERNARDINO)

(École italienne)

222. — Portrait de femme.

Collection de M. E. Pereire.

B. — H., 0^m,58; L., 0^m,44.

MAAS (NICOLAS)

(*École hollandaise*)

223. — Enlèvement de Ganymède.

Signé et daté 1778.

Collection de S. A. I. Mme la grande-duchesse Marie de Russie.

T. — H., 1^m,12; L., 0^m,02.

MASSACCIO

(*École italienne*)

224. — Tête de jeune homme. Fond de paysage.

Collection de M. Haro.

B. — H., 0^m,40; L., 0^m,33.

MEER (JAN VAN DER), DE DELFT

225. — Vue de Hollande.

Signé.

Collection de M. W. Bürger.

B. — H., 0^m,26; L., 0^m,36.

MEER (JAN VAN DER), DE DELFT

226. — Béguinage. Conversation de deux béguines.

Collection de M. W. Bürger.

B. — H., 0^m,36; L., 0^m,29.

MEER (JAN VAN DER), DE DELFT

227. — Béguinage. Une béguine appuyée sur sa porte.

Pendant du précédent, et mêmes dimensions.

Vente Reydon, d'Amsterdam.

Collection de M. W. Bürger.

MURILLO

228. — L'Assomption de la Vierge.

Collection de Mme la marquise de Las Marismas.

T. — H., 1m,97; L., 1m,25.

PYNAKER ET KAREL DU JARDIN

229. — Paysage avec figures.

Collection de M. Étienne Arago.

PORBUS (FRANÇOIS)

(*École flamande*)

230. — Portrait d'homme.

Collection de M. Albert Goupil.

B. — H., 0m,30; L., 0m,22.

PRUD'HON

231. — L'Amour.

Collection de M. Giron de Buzareingues.

B. — H., $0^m,27$; L., $0^m,23$.

RAPHAEL

232. — Le jeune Tobie conduit par l'ange Gabriel.

Provenant de Naples, puis de l'Escurial. — Signé dans les plis de la robe de l'ange.

Même composition que celle du volet droit du triptyque du Pérugin, à la *National-Gallery* de Londres, sous le n° 288.

Collection de M. Jules Claye.

T. — H., $1^m,35$; L., $0^m,86$.

RIBERA (JOSEF DE)

(*École espagnole*)

233. — Jésus dépouillé de ses vêtements pour être mis en croix.

Collection de M. Jules Claye.

T. — H., $0^m,65$; L., $0^m,58$.

ROBERT (LÉOPOLD)

234. — Moissonneuses italiennes.

Signé et daté 1831.

Collection de Mme H. Fould.

T. — H., 0m,55; L., 0m,45.

RUBENS

235. — Les Horreurs de la guerre.

Esquisse du tableau du palais Pitti, à Florence.

Collection de M. Mareille.

B. — H., 0m,48; L., 0m,72.

TENIERS (DAVID), LE JEUNE

236. — Le Pédicure.

Collection de M. le comte Branicki.

T. — H., 0m,64; L., 0m,83.

TENIERS (DAVID), LE JEUNE

237. — Le Joueur de vielle.

Collection de Mme Thuret.

B. — H., 0m,17; L., 0m,11

TENIERS (DAVID), LE JEUNE

238. — Le Buveur.

Pendant du précédent, et mêmes dimensions.

Collection de Mme Thuret.

TITIEN (ATTRIBUÉ AU)

239. — Portrait de Clément Marot.

Collection de M. Girou de Buzareingues.

T. — H., $0^m,52$; L., $0^m,41$.

TROYON (CONSTANTIN)

(École française)

240. — Deux Chiens.

Collection de Mme Troyon (mère de l'auteur).

T. — H., $0^m,96$; L., $1^m,28$.

TROYON

241. — La Vache blanche.

Collection de Mme Troyon.

T. — H., $0^m,70$; L., $0^m,89$.

VIGÉE LE BRUN (MADAME)

242. — Enfant jouant avec un chien. (Portrait d'un jeune duc de Cossé-Brissac.)

Collection de M. le comte de Cossé-Brissac.

Ovale. T. — H., 0m,63 ; L., 0m,51.

VIGÉE LE BRUN (MADAME)

243. — Tête de jeune fille.

Signé et daté 1779.

Collection de M. le comte de Cossé-Brissac.

Ovale. T. — H., 0m,45 ; L., 0m,36.

WATTEAU (ANTOINE)

(*École française*)

244. — Les Plaisirs champêtres.

Gravé.

Collection de M. Haro.

T. — H., 0m,44 ; L., 0m,55.

LISTE DES AMATEURS

QUI ONT CONCOURU

A L'EXPOSITION RÉTROSPECTIVE

S. M. L'IMPÉRATRICE

S. A. I. MADAME LA GRANDE-DUCHESSE MARIE DE RUSSIE

MM.

Arago (Étienne).
Béranger.
Boittelle.
Bonnet.
Branicki (c^te Constantin).
Bürger (W.).
Buzareingues (Girou de).
Carvalhido (vicomte de).
Castle (docteur).
Cavaignac (Mme).
Chaix-d'Est-Ange.
Chauffard.
Chesneau.
Claye (Jules).
Cossé-Brissac (comte de).

MM.

Dalloz (Paul).
Darblay (aîné).
Decaisne.
Delessert (Mme Gabriel).
Didier (Henry).
Dillais.
Double (Léopold).
Duchatel (comte).
Dugied (H.).
Dutuit (Eugène).
Espagnac (comte d').
Ferronnays (comte de la).
Fould (H.).
Gatteaux (de l'Institut).
Gautier (Théophile).

MM.
Gigoux.
Goupil (Albert).
Gouvelli (marquis de).
Greffülhe (comte).
Haas (Charles).
Haro.
Hauguet.
Hüffer.
Hunolstein (baron d').
Laborde (marquis de).
Lami (Eugène).
Lareinty (baron de).
Leconte.
Leonforte (prince de).
Magniec (vicomte de).
Maille Saint-Prix.
Marcille (Eudoxe).
Marcotte.
Marismas (marquis de Las).
Marjolin (Mme).

MM.
Martin.
Monjean.
Morel-Fatio.
Odier (A.).
Pereire (Émile).
Pereire (Isaac).
Pernetty (vicomte).
Persigny (duc de).
Poisson (baron).
Reiset (J.).
Rio.
Roger (baron).
Rosales (de).
Rothschild (baron N. de).
Rothschild (baronne N. de).
Saint-Victor (Paul de).
Schickler (Mme).
Suermondt (B.).
Thuret (Mme).
Troyon (Mme).

PARIS. — J. CLAYE, IMPRIMEUR, RUE SAINT-BENOÎT, 7.

L'Exposition rétrospective est ouverte tous les jours, de 10 heures à 6 heures. Elle ne sera fermée que le 15 juillet.

PRIX D'ENTRÉE. . . . . . 1 FR.
PRIX DU CATALOGUE. . . . 1 FR.

Le produit de l'Exposition sera consacré à la bienfaisance.

Pour tous renseignements,
S'adresser à M. Haro, directeur de l'Exposition.

PARIS. — J. CLAYE, IMPRIMEUR, 7, RUE SAINT-BENOIT.

www.ingramcontent.com/pod-product-compliance
Ingram Content Group UK Ltd.
Pitfield, Milton Keynes, MK11 3LW, UK
UKHW020356180726
13839UKWH00003B/1129

9 782329 224169